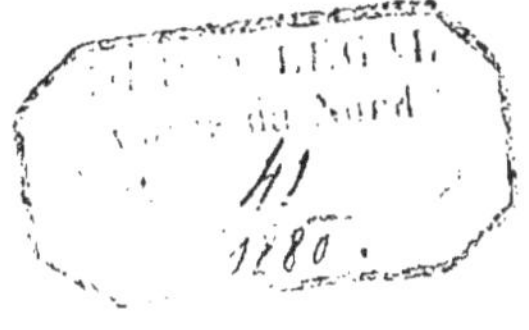

LA LÉGENDE

DE

SAINT GURTHIERN

FONDATEUR DE QUIMPERLÉ

PAR

Le Vicomte HERSART DE LA VILLEMARQUÉ

Membre de l'Institut.

PARIS

LIBRAIRIE ACADÉMIQUE

DIDIER ET Cie, LIBRAIRES-EDITEURS

35, QUAI DES AUGUSTINS

1880

—

Réserve de tous droits

SAINT-BRIEUC. — IMP. L. PRUD'HOMME.

SAINT GURTHIERN

PREMIER PATRON DE QUIMPERLÉ

I

C'était un devoir, dans l'antiquité, de garder la mémoire des fondateurs des villes. Pline le rappelait à un ami : « Si la vieillesse de l'homme est respectable, lui disait-il, celle des villes est sacrée. Vénérons leurs divins fondateurs ; n'oublions pas leur nom ; honorons leurs actions mémorables, et même les fables dont ils sont le sujet. » Cicéron avait déjà remarqué que nous sommes tenus et obligés non-seulement envers nos parents, mais encore envers les anciens protecteurs et défenseurs de la ville qui nous a donné le jour. Macrobe ajoute ces paroles presque chrétiennes : « Tous ceux qui conserveront et augmenteront la gloire des hommes qui ont bien servi leur pays, mériteront une place près d'eux, après la mort, dans le séjour de l'éternel bonheur. »

Prêché à des payens et par des payens, ce devoir de reconnaissance ne s'impose-t-il pas à nous ?

Je veux le remplir à l'égard d'un des principaux fondateurs des villes d'Armorique, postérieures à la colonisation bretonne.

De même que saint Brieuc, saint Malo, saint Servan, saint Méen, saint Pol, saint Corentin, et tant d'autres venus de la Grande-Bretagne, qui ont donné leur nom à nos villes, saint Gurthiern, fondateur de Quimperlé, a droit à notre vénération ; il en a un tout particulier à la mienne, étant le patron de ma terre natale.

Son premier biographe a été le breton Juthaël, fils d'Aïdan, un *luïc fidèle*, comme le qualifie le Cartulaire de l'abbaye de Sainte-Croix de Quimperlé. Il recueillit, dit ce Cartulaire, et mit par écrit l'histoire du saint, « non pour aucune récompense terrestre, mais pour gagner le ciel ; » bon exemple à suivre. Déjà vieille au douzième siècle, et copiée sur une feuille de parchemin usée par le temps, sa légende se conservait dans le trésor de l'église de Sainte-Croix, où on en donnait publiquement lecture, le jour de sa fête. Un moine de l'abbaye, mort en l'année 1127, la transcrivit et nous l'a transmise ; M. Le Men l'a publiée parmi les pièces justificatives du livre de dom Le Duc ; elle forme la base de mon propre récit. Je la vivifierai, comme d'autres récits de la *Légende celtique*, en la retrempant au courant de la tradition populaire et à plusieurs sources nouvelles d'information.

II

Gurthiern, dont le nom s'écrivait, dans le temps, Guorthigern, et se prononce aujourd'hui Gouziern, était de la race des vieux rois de l'île de Bretagne. Son père s'appelait Da, c'est-à-dire « bon, » et sa mère Dinoï, c'est-à-dire « sans rudesse, » deux noms de favorable augure. Lui-même portait le titre de son aïeul paternel, le *guor-thigern* ou « chef suprême » des Bretons insulaires, si connu par les malheurs qu'il attira sur son pays.

Il naquit en Cambrie, vers le milieu du sixième siècle.

C'était l'époque où avaient succédé aux guerres avec l'étranger, pour la défense de la patrie, ces déplorables guerres civiles racontées par saint Gildas.

Quelquefois elles éclataient pour des motifs si futiles qu'on a de la peine à y croire.

Deux enfants, disent les Annales galloises, deux jeunes princes, parents et voisins, cherchant des nids dans la campagne, trouvèrent un nid d'allouette ; ils se battirent pour l'avoir, l'un d'eux tua l'autre ; et à propos d'un nid quatre-vingt mille hommes s'égorgèrent !

Un guerrier, un barde célèbre, qui avait pris part à cette lutte fratricide, en perdit la raison et s'enfuit dans les forêts, préférant la société des bêtes sauvages à celle des hommes plus sauvages qu'elles.

Dans sa folie, il chantait :

« Quelle mer de douleur monte jusqu'à moi !
Quelle mer de douleur ! depuis que nos compatriotes
ont combattu les uns contre les autres. »

Le jeune Gurthiern eût pu tenir le même langage.
Il combattait à côté de son père, contre le mari de
sa propre sœur, au fils de laquelle le liait la plus
tendre amitié. Le soir de la bataille, la nuit venue,
il remarqua sur une éminence un chef inconnu
dont le collier d'or brillait aux rayons de la lune ;
tendant son arc, il le visa au cœur, et le vit tomber.
Lorsqu'il alla pour le dépouiller, selon l'usage du
temps, et que, détachant les courroies du casque,
il lui découvrit le visage, il reconnut le fils de sa
sœur, son meilleur ami !

Il n'entendit point les fanfares qui lui annonçaient
la victoire, ou s'il les entendit ce fut pour les maudire.
Arrosant de larmes le visage de celui à qui il
eût voulu rendre la vie, il poussa un de ces cris
du cœur dont l'accent nous émeut encore après
treize-cents ans : « O Jésus ! pourquoi ne suis-je
pas mort avant de tuer le fils de ma sœur ? Malheur
à ma main ! J'ai perdu mon ami, et c'est moi qui
l'ai tué ! »

Comment expier un tel crime ? Rien que la
mort n'était capable de le racheter, pensait-il, et
il n'eût pas hésité à se la donner ; mais il était
chrétien. Au lieu de demander à son épée un remède
contre sa douleur et son désespoir, il le demanda
à sa foi, et quitta le monde.

III

Sur les côtes septentrionales de la Cambrie, entre deux murailles de rochers qui montent vers le ciel, s'ouvre une vallée profonde, accessible seulement du côté de la mer, et où rien ne pousse excepté de la lande et de la bruyère desséchées par le vent du nord qui s'engouffre dans des profondeurs, à travers lesquelles roulent des eaux torrentielles.

On ne saurait se figurer, dit le voyageur Pennant, un endroit plus sauvage et mieux fait pour servir de retraite à quelqu'un qui veut fuir le monde. Gurthiern le choisit, peut-être comme celui où son aïeul s'était retiré après des malheurs d'un autre genre, et le nom gallois de *Nant y Gwrtheyrn* ou « ravin de Gurthiern, » lui est resté jusqu'à ce jour.

Là, seul, dans une caverne, il vécut d'herbe et de coquillages, à moitié gelé par le froid, et ajoutant aux austérités naturelles des macérations héroïques de son invention. Aucune ne lui semblait trop cruelle ; il prenait particulièrement plaisir à exposer sa tête, ses épaules et sa poitrine nues aux coups redoublés du torrent qui tombait des montagnes. Sous cette douche glaciale, il se purifiait jour et nuit du sang dont il voyait toujours ses mains rougies, et on eût pu l'entendre s'écrier, avec le Psalmiste : « Lavez-moi de plus en plus de mon crime, Seigneur ; purifiez-moi de mon péché. » Puis, tombant, presqu'inanimé, sur le rocher qui lui servait de lit, il continuait sa prière étouffée par les sanglots.

Il y avait un an déjà qu'il faisait ainsi pénitence,
et qu'on le pleurait comme mort, quand un vieux
chasseur, du haut d'un rocher, l'aperçut au fond du
ravin. Malgré le changement extraordinaire opéré
dans les traits du jeune prince, il reconnut le fils
du roi : « Mon fils, lui dit-il, pourquoi habites-tu
ces lieux ? » Le jeune homme lui répondit : « C'est
parceque je l'ai mérité. » Et il le conjura de ne
dire à personne qu'il était là. Le chasseur le lui
promit, mais il n'eut rien de plus pressé que de se
rendre au palais du roi, et de lui rapporter ce qu'il
avait vu. « Partons vite, s'écria le père ; ce que tu dis
serait-il vrai ? » Et il se hâta de se rendre au lieu
où habitait son fils.

Plongeant les regards dans le gouffre, il fut
témoin de la pénitence épouvantable que s'infli-
geait le jeune prince.

Celui-ci, dès qu'il vit son père, se mit à pleurer ;
puis il rentra précipitamment dans sa caverne.

— Mon fils, lui cria le malheureux roi, pourquoi
te conduire de la sorte ? Pourquoi es-tu ici ? Reviens
avec moi, c'est ton devoir ; reviens à la maison
paternelle ; je t'abandonne ma couronne.

Mais le jeune prince refusa énergiquement, mé-
prisant les honneurs qu'on lui offrait.

— Si tu veux mener la vie monastique, continua
le père, je te ferai bâtir un couvent, et je te donnerai
beaucoup de compagnons.

Gurthiern demeura inébranlable dans sa résolu-
tion de poursuivre son expiation. Il consentit
seulement à voir descendre avec lui, au fond de
sa caverne, deux officiers royaux, serviteurs dé-

voués qui ne voulaient point le quitter, et le suppliaient de les laisser partager sa vie et ses austérités.

A la cour du roi, au récit qu'on en fit, on dut les traiter tous les trois de fous, et répéter, avec un sage du siècle, qu'il fallait être bien crédule et poursuivi par les furies pour s'exiler ainsi du monde et s'en aller vivre dans une caverne.

Si c'était là une folie, ce n'était pas celle des âmes vulgaires.

IV

Après une seconde année, passée aux mêmes lieux, Gurthiern et ses deux compagnons quittèrent la Cambrie pour descendre en Domnonée ; il avait l'espoir d'y trouver, au bord du Tamar, une solitude moins exposée aux poursuites de ceux qui voulaient le ramener dans le monde pour faire de lui un roi.

Cet espoir ne fut pas complètement réalisé ; comme la Cambrie, la Domnonée était troublée par le bruit des armes : sur beaucoup de champs de bataille, les corps des morts étaient abandonnés aux oiseaux de proie et aux loups ; ils n'avaient guères d'autre tombeau que le ventre des bêtes sauvages, dit énergiquement saint Gildas ; après la bataille, les combattants se contentaient d'emporter à la hâte la tête de leurs parents ou de leurs amis. Le barde du roi Urien, dans une célèbre élégie qu'il a faite sur la mort de son général, s'exprime ainsi :

« Je porte la tête d'un chef qui commandait douce-
ment l'armée ; sur sa poitrine blanche un corbeau
noir se gorge. »

Gurthiern et ses compagnons rencontrèrent aussi
une femme qui tenait une tête coupée sur ses
genoux et qui pleurait.

Lui ayant demandé la cause de sa douleur :

« C'est mon fils, dit-elle ; je n'avais que lui au
monde ! Ils l'ont tué dans la bataille ; j'emporte
sa tête, n'ayant pu enterrer son corps.

La pauvre mère poursuivit peut-être, avec le
barde d'Urien :

« La tête que je porte me porta ; je ne le retrou-
verai plus ; il ne viendra plus à mon aide ; malheur
à moi, mon bonheur m'est ravi ! Mon cœur, ne te
brises-tu pas ? »

Mais le Dieu de miséricorde eut pitié d'elle ;
il voulait commencer à manifester la sainteté de
son serviteur, et montrer que le sacrifice expiatoire
du jeune martyr volontaire était agréable à ses
yeux.

— Où est resté le corps de ton fils ? demanda
le saint.

La mère le conduisit sur le champ de bataille.

Devant un spectacle qui rouvrait ses blessures
et ses remords, il tomba à genoux, et pria en
versant des larmes. Puis il dit : Donne-moi la tête
de ton enfant.

Quand il l'eut entre les mains, les yeux levés
au ciel, il fit sur elle le signe de la croix , au nom
du Père, créateur, du Fils, rédempteur, du Saint-
Esprit, consolateur, suppliant le Dieu qui avait
ressuscité le fils de la veuve de Naïm d'avoir pitié
de cette autre mère désolée.

Comment aurait-il pu ne pas l'exaucer ?

Tel fut, d'après le Cartulaire de Quimperlé, le premier miracle de saint Gurthiern.

Plusieurs siècles après, la tradition populaire y ajouta un détail qui nous étonnerait fort si nous ne connaissions pas les temps désastreux où vécut le saint.

En revoyant la lumière du jour, le mort se serait mis à pleurer : « pourquoi, dit-il, pourquoi m'avoir retiré du bon pays où j'étais ? »

— C'est pour le bonheur de ta mère, répondit le saint ; reste avec elle et avec nous.

— Je ne le souhaite aucunement, dit le jeune homme avec tristesse.

— Reste, répéta le serviteur de Dieu, en lui donnant sa bénédiction ; mais parle-nous un peu du bon pays où tu as été ; je prierai pour toi, afin que tu le retrouves un jour. »

On n'a point conservé la description de ce bon pays, mais on y peut suppléer par beaucoup d'autres récits du même genre, bien faits pour expliquer les regrets d'une âme heureuse, rappelée sur la terre.

V.

Ne trouvant pas plus dans le Domnonée que dans la Cambrie le repos qu'il cherchait, Gurthiern songea à traverser la mer et à se rendre en Armorique où régnait une paix profonde, au dire des émigrés bretons.

Parmi ceux-ci habitait, sur la plage orientale du Morbihan, au bord d'un petit lac, une sainte fille de sa famille. Ninnok, née d'un père breton, de la race du vieux roi Gurthiern, et d'une mère irlandaise, avait fondé dans la paroisse de Ploemeur le prieuré qui porte son nom. Elle y avait ouvert un asile aux pauvres fugitives de son pays, que la poësie devait représenter un jour sous la figure d'une biche blanche, poursuivie par des chasseurs, et venant se jeter à ses pieds.

Combien de ces belles jeunes filles avec lesquelles elle vivait en une grande innocence et pureté, dit un légendaire breton, eût pu lui tenir le langage que devait tenir à Dieu une de leurs plus charmantes sœurs du XVIIe siècle, la Bienheureuse Marguerite Marie :

> Je suis une biche harassée
> Qui cherche la source d'amour ;
> La main du chasseur m'a blessée,
> Son dard me brûle nuit et jour !

Rien n'empêche de croire que ce fut aussi sainte Ninnok qui attira son parent en Armorique ; il y débarqua, en vue du prieuré de la sainte, à l'embouchure du Blavet, dans l'ile de Groix, où deux autres bretons illustres, saint Gildas et Taliésin trouvaient, nous le savons, dans la prière, l'amitié, l'étude, la poësie et la musique, des consolations qu'il vint partager avec eux.

Pourquoi l'humilité du Jérémie breton, si fier devant les grands et les puissants du monde, nous a-t-elle privé des détails personnels qu'on aimerait à rencontrer dans la lettre célèbre qu'il écrivit sur la ruine de sa patrie ? Pourquoi, du moins, ne

parle-t-il d'aucun des compagnons de sa solitude?
Nous apprenons seulement d'un moine irlandais,
compatriote de la mère de sainte Ninnok, mort en
661, qu'il s'y préoccupait des attaques des démons,
après avoir fui celles des tyrans ; ce moine nous a
conservé une hymne rimée, datée de l'an 547, où le
saint prie Dieu de le révêtir d'une forte armure pour
combattre ses ennemis, armure dont chaque maille,
le protégeant contre leurs assauts, de la tête aux
pieds, avec tous ses membres, ses sens et son
âme, lui assurera, après l'expiation de ses péchés, une
place au séjour du rafraîchissement et de la paix.

Si le solitaire de Groix nous avait entrenu de
l'arrivée de saint Gurthiern dans la petite île, il
ne nous aurait point parlé, sans doute, des cloches
qui se mirent d'elles-mêmes en branle, lors de la
descente de saint Guennaël, mais aurait-il pu oublier
que Taliésin était là, sa harpe à la main, et que
le barde savait trop bien les usages des Bretons
pour ne pas les suivre, en saluant la bienvenue
du plus digne fils d'un de leurs rois ?

Toutefois, les sons enchanteurs de la harpe bar-
dique, pas plus que les hymnes de saint Gildas, ne
purent retenir longtemps saint Gurthiern et ses
compagnons à Groix ; la Providence lui réservait
une solitude moins affreuse que les rochers dont
l'île est comme hérissée de toutes parts : une voix
secrète lui commandait d'aller plus loin chercher
le lieu de son repos ; son ange gardien lui dit :
« Pars pour *la terre de promission.* »

Où était cette terre « du lait et du miel, » comme
parle l'Ecriture ? Où était ce nouveau paradis terrestre dont il admirait, dans ses rêves, le ciel bleu,

la lumière dorée, l'air pur, la fraicheur, les fleurs
et les fruits, les belles eaux murmurantes, et dont
il respirait déjà les parfums ? *O ubi campi ?*

VI

Du haut des rochers de l'île de Groix, saint
Gurthiern voyait un fleuve tomber dans la mer.
En remontant le cours de ce fleuve, à travers la
forêt voisine, il aborda dans un ilot que les eaux
embrassaient à un endroit où une rivière s'y pré-
cipitait bruyamment.

Aucune vallée du monde ne ressemblait moins
au ravin sauvage, témoin des premiers jours de la
pénitence du saint. Encadré entre deux montagnes
couronnées de chênes et de hêtres touffus, l'ilot,
à l'abri des vents de l'est et du nord et s'ouvrant
au soleil, était un vrai bouquet de verdure et de
fleurs, noué d'un ruban d'argent.

L'harmonie des noms du lieu répondait à l'harmonie du paysage; le fleuve s'appelait Ellé, la
rivière Izol, et leur union Léta ; l'ilot se nommait
Anaurot, (*Ann daou rod*, dans le langage moderne)
à cause des « deux gués » qui permettaient d'y
arriver à pied, un peu au-dessus du confluent des
eaux. Près de ces eaux, pures comme son âme,
dans cet enclos frais et fleuri, dont les oiseaux
saluaient son arrivée par leurs chants, le saint
avait devant les yeux l'objet même de ses rêves ;
il reconnaissait *la terre de promission* qui lui
avait été annoncée par son bon ange, et ses deux
compagnons eurent lieu de lui adresser les paroles
d'un autre saint au Sauveur du monde : « *Bonum*

est nos hic esse ! Comme nous sommes bien ici !
élevons ici trois cabanes ! »

Ce furent les trois premières maisons de la ville
de Quimperlé. En rameaux, en roseaux et en feuil-
lage d'abord, on les rebâtit, avec le temps, en bois,
puis en pierre. Plus tard, leur nombre augmen-
tant, on les aligna de manière à former des rues.

A la pointe où il prit terre, le saint planta une
croix, faite de deux branches de chêne, et construisit un oratoire près duquel devait s'élever un jour
une église sous l'invocation de la Sainte-Croix.

Avec quelle joie, lorsqu'il jeta les bases de cette
« cité choisie par Dieu même, » *electa civitas a Deo,*
selon les propres paroles de l'ange, il entonna le
cantique du saint roi fondateur :

« C'est le Très-Haut lui-même qui la bâtit...

» O ville, tu seras la demeure de tous ceux qui se
réjouiront. »

Avec quel à propos il chanta :

« Le bruit du fleuve réjouit cette cité de Dieu. »

Que de fois son cœur s'attendrit à ce verset de
son office :

« Dieu lui-même est notre refuge, il nous a
secourus dans les plus cruelles tribulations.

Et comme il dut le remercier plus tard, en ap-
pliquant admirablement un autre cantique sacré :

« Vous avez visité cette terre, et vous l'avez eni-
vrée ; vous l'avez comblée de vos dons.

» Enivrez les rives du fleuve ; multipliez-y les
fruits sous l'abondance de la rosée qui réjouit
l'homme.

» Vous ne cesserez jamais d'y bénir la couronne
de l'année (le printemps), et de remplir nos champs
de biens. »

VII

On ne savait plus où placer l'*Ile du bonheur* ; c'est là qu'elle était. Elle attira bientôt beaucoup de ceux qui cherchaient le repos et la liberté. Plus d'un esclave fugitif, d'un proscrit, d'un opprimé ; plus d'un de ces petits, de ces faibles, de ces déshérités du monde d'alors ; plus d'un malheureux, plus d'un coupable même, ne tarda pas à venir demander un refuge à l'anachorète qui eût pu être roi et qui ouvrait un asile au malheur et au repentir dont il offrait lui-même un exemple héroïque.

Que les suppliants vinssent de l'est ou de l'ouest, de la terre de Vannes ou de la Cornouaille, par le gué de l'Izol ou le gué de l'Ellé, alors sans aucuns ponts, ils s'agenouillaient devant le saint, au pied de la croix de son oratoire. Accueillis par lui avec bonté, il les bénissait au nom de la sainte Trinité, et leur posant sur le front une petite pièce de monnaie, qui leur servait comme de rançon, il les déclarait ses hommes, ou, pour mieux dire, ses enfants ; il promettait de les protéger contre toutes les violences du monde ; et, affranchis du Christ, dès qu'ils avaient mis le pied sur la terre de la liberté, ils pouvaient chanter avec lui : « Dieu lui-même est notre refuge ! »

Solennellement garanti par des conventions avec les chefs du pays, et souvent renouvelé, ce droit de refuge, droit inappréciable aux temps barbares, accompagna l'acte de donation qu'un des comtes de Cornouaille, de la race du roi Grallon, fit à saint

Gurthiern de son enclos des bords de l'Ellé. Dans l'espoir d'être délivré de ses péchés, le donateur, selon un titre de l'époque, donnait « peu pour beaucoup, ce qui passe pour ce qui est éternel, » un morceau de terre de mille pas de tour, en échange du ciel.

Auprès de l'autel du Dieu de la paix, du Dieu de l'égalité véritable, les protégés de saint Gurthiern trouvaient un ciel anticipé dans ce qu'on appelait si bien sa *fraternité*. Aimer Dieu, le servir, prier, chanter, s'entr'aimer, s'entr'aider, tandis qu'on se détestait et qu'on s'entretuait ailleurs ; un peu de travail pour se nourrir, se loger, se vêtir, et aussi pour s'instruire, leur bon père ne leur demandait pas autre chose. Baignée de tous côtés par des eaux fécondes, la terre où ils étaient n'exigeait pas d'ailleurs beaucoup de travail, et produisait, presque d'elle-même, des pommiers, des poiriers, du blé et différents légumes, sans parler des fleurs. On dit même qu'il planta de ses propres mains des vignes dont le nom est resté à un coteau voisin. Les grappes les plus mûres du raisin étaient cueillies et pressées par lui pour le vin du calice. De même ses compagnons pilaient, dans des mortiers en pierre, à défaut des moulins qui n'existaient pas encore, les grains les plus beaux du froment de son clos, pour faire le pain eucharistique.

Il parait qu'il éleva aussi des abeilles et qu'il leur construisit des ruches, au soleil, devant les cabanes de ses chers protégés : on ne pouvait se passer de leur cire pour éclairer l'autel pendant l'office divin ; leur miel était souvent employé au soulage ment des malades ; parfois encore, mêlé avec l'eau de l'Ellé, il produisait une liqueur qui réjouissait les réfugiés. On racontait que lorsque l'homme fut chassé du paradis terrestre, les abeilles avaient été les seules de tous les volatiles de ce lieu de délices à ne pas vouloir le quitter, et qu'elles l'avaient suivi dans son exil afin de lui apporter un peu de douceur et de lumière : saint Gurthiern les faisait naturellement rentrer avec lui dans le paradis.

VIII

Tandis que la petite colonie des bords de l'Ellé se développait peu à peu, et qu'en face d'elle, sur la montagne, quelques cabanes de pêcheurs commençaient à s'étager, trois voyageurs vinrent visiter le saint anachorète. Sans lui demander un asile, comme les visiteurs ordinaires, c'étaient aussi des suppliants. On les reconnaissait bien : pâles, maigres, hâves, se tenant à peine debout, les cheveux en désordre, tout en eux portait l'empreinte de la plus grande désolation. Ils arrivaient du pays de Vannes, désolé par la peste et par la famine. Le comte du pays, nommé Varoc, les envoyait supplier le saint de venir au secours de son peuple prêt à périr ; dans une lettre déchirante, apportée par ses trois messagers, dont l'un se nommait Guedgual, l'autre Catuoth et le dernier Cadur, il lui dépeignait les ravages du double fléau : les marais des bords du Blavet, sous les chaleurs d'un été précoce, avaient rempli l'air de vapeurs et de brouillards fétides, du milieu desquels des milliers d'insectes pullulants étaient descendus dans les blés. Pas un épi dont les grains n'eussent été dévorés par eux; on n'en trouverait plus à moissonner; le peuple allait manquer de pain, et les prêtres eux-mêmes voyaient approcher avec terreur le moment où ils en manqueraient pour le saint sacrifice.

Ce tableau dut remettre sous les yeux de saint Gurthiern celui de l'effroyable *peste jaune* qui avait frappé son pays, avant son départ pour l'Armorique; touché de compassion, il prit son bâton recourbé et partit avec les envoyés du comte de Vannes.

La confiance des Vannetais ne fut point trompée. En arrivant sur les lieux désolés par la peste, le saint rassembla les prêtres; il les rangea autour de lui, comme en bataille, et marcha contre le fléau, la croix en tête, les chefs du pays, pieds nus, à l'avant-garde, et le peuple à la suite. Quand il eût parcouru tous les champs infestés qu'il arrosait d'eau bénite et de larmes, en invoquant la sainte Trinité; quand finirent la procession et les rogations populaires, la colère de Dieu était désarmée, et le fléau vaincu par le vieux guerrier pénitent.

En mémoire de ce miracle, le comte Varoc lui donna les champs délivrés; ils font aujourd'hui partie de la paroisse de Kervignac, où l'on entendit monter vers le ciel ce cri de reconnaissance :

« Le Seigneur a fait pour nous de grandes choses, et nous en sommes remplis de joie.

» Ceux qui ont semé dans les larmes, moissonneront dans l'allégresse.

» Ils allaient et pleuraient, en répandant leur semence; mais ils reviendront joyeux, les mains pleines de gerbes. »

IX

Saint Gurthiern demeura quelque temps dans un manoir des bords du Blavet, qui a gardé son nom et son culte. Les habitants de Kervignac ont même la prétention de l'avoir gardé lui-même parmi eux jusqu'à la fin de ses jours, mais cette prétention n'est pas justifiée ; Lobineau la conteste avec raison, et il n'y a pas lieu de disputer les derniers moments du saint à la ville qu'il a fondée. Ce qui est probable, c'est que les hommes de Kervignac eurent leur part de ses reliques, comme ceux de Groix, de Quimperlé, surtout de Doëlan dont les pêcheurs ont conservé sa mémoire, et n'ont pas oublié qu'il bénit jadis leurs filets.

L'Eglise catholique, quand elle parle de la mort de ses plus chers enfants, a des termes d'une tendresse et d'une douceur incomparable : elle ne dit point qu'ils meurent, elle dit qu'ils naissent. Dieu voulut que son vieux serviteur partît pour une vie nouvelle au moment même où le jardin planté par lui donnait toutes ses fleurs, comme pour l'embaumer. Le dernier jour du saint fut le premier d'un de ces étés des bords de l'Ellé qui n'ont point leurs pareils au monde.

Le vingt-neuvième du mois de juin, à la fin du sixième siècle, il s'envola vers le ciel, comme s'envolaient les abeilles du milieu des lys et des roses qu'il cultivait.

Ses deux vieux compagnons de jeunesse et d'exil étaient-ils là près de lui au moment du départ ?

Furent-ils témoins de sa joie suprême, ainsi qu'ils l'avaient été de sa pénitence? Assistèrent-ils à une de ces transfigurations dont tant de serviteurs de Dieu offrent le phénomène après leur mort dans un visage rayonnant? On ne sait, mais on se réprésente bien la douleur qui éclata parmi ses enfants de l'Ellé rangés autour du lit de cendres où il expira. On se réprésente le bon ange qui l'avait conduit vers la *Terre promise*, les consolant et semblant leur dire : « Ne pleurez pas; cette mort est celle d'un saint; elle donne la vie ; le ciel s'ouvre pour lui. »

Si la douleur humaine put gémir ce jour-là, l'immortelle espérance eut lieu de sourire. Les chœurs angéliques répondaient aux chœurs de l'Ellé :

« La Sagesse a conduit, par des voies droites, le juste exilé ; elle lui a montré le royaume de Dieu; elle lui a donné la science des saints; elle a honoré ses travaux et lui en a fait recueillir les fruits. »

X

Saint Gurthiern avait quitté la terre depuis troiscents ans; le refuge des *Deux gués* était devenu une ville, sous le nom de *Kemper-Ellé,* ou de « confluent de l'Ellé, » quand cette ville fut envahie et ruinée par des barbares de la race de ceux qui avaient autrefois dévasté son pays natal. A leur approche, les habitants s'enfuirent, emportant ce qu'ils avaient de plus précieux, et cachèrent son corps dans la petite île où fut son premier ermitage. De là on le rapporta à Quimperlé, à l'époque de la reconstruction de sa chapelle, en l'année 1088, et on le déposa dans une châsse de verre, sous l'autel de son nom.

Les chefs bretons levaient la main devant ces reliques, toutes les fois qu'ils prêtaient serment; « elles opèrent, depuis sa mort, les prodiges et les miracles qu'il opéra pendant sa vie, » dit son biographe, témoin lui-même des plus merveilleux.

Et ce n'est pas témérairement que Juthaël promet la victoire aux princes fidèles à saint Gurthiern.

Ne les avait-il pas vus, après le meurtre, l'incendie, le pillage, la dévastation, rebâtir les villes de Bretagne, rappeler le commerce, rétablir l'agriculture, faire refleurir les lois, et planter la croix rayonnante au front d'une abbaye nouvelle qui prenait le nom de Sainte-Croix ? Ce n'était pas non plus à la légère qu'il assurait de la bénédiction du Ciel tous les fidèles de saint Gurthiern, en leur disant : « Soyez heureux, vous tous, clercs et laïques, princes et prêtres, religieux de tout ordre, gardiens du contrat passé entre vos pères et le saint fondateur de votre ville natale; soyez sauvés ! »

XI

Qu'est devenu ce vieux contrat ? Qu'est devenue la dévotion envers le premier patron de Quimperlé ? Où est l'autel devant lequel on prêtait serment, et où on pourrait prier encore ? Où est la chapelle de son nom ? Les ruines même ont disparu; elles ont servi à bâtir l'abbatiale, maintenant l'auberge de la ville.

Un pigeonnier dont les colombes se sont envolées, s'élève aux lieux où l'innocence eut autrefois son lit, comme dit le poète ; et des merles, qui ont remplacé les pigeons du couvent, font leur nid dans un lierre épais dont l'Ellé entretient la fraicheur.

En vain cherche-t-on la statue du fondateur de Quimperlé, seule image qui restât de lui, dans la crypte de Sainte-Croix. Un tronc destiné à recueillir des aumônes pour saint Gurloes, le second fondateur de l'abbaye, est à la porte, et j'y entends tomber, de loin en loin, quelque rare pièce de monnaie qui me rappelle la rançon qu'on offrait à saint Gurthiern ; mais lui n'a pas de tronc, dans sa propre terre, lui qui a fait tant de charités !

Y a-t-il même beaucoup d'habitants de la ville qui connaissent la rue de son nom ? Si un étranger demandait comment s'appelle le port de Quimperlé, qu'il a creusé et dont le quai garde encore le souvenir de ses bienfaits, on serait bien embarassé pour répondre.

Mais nous ne sommes pas les seuls coupables ; les derniers moines de Sainte-Croix méritent bien quelque reproche : leurs prédécesseurs avaient restauré la chapelle de saint Gurthiern, en 1497 ; eux achevèrent de la détruire tout à fait, en 1678, c'est dom Lobineau qui le dit ; et lui-même, sous le souffle du xviiie siècle, a trop philosophiquement tranché et retranché au plus vif de la tradition.

Les pêcheurs bretons, quoique sentant moins l'encens que le goudron, sont restés fidèles, et

ils ont droit à toutes les bénédictions de leur bien-
faiteur. Ils l'aiment toujours, et se plaisent à mettre
leurs enfants sous son patronage : sur la côte orientale de la Cornouaille, comme sur la côte opposée
du Morbihan, et dans l'île intermédiaire, nombre
de gens portent son nom. Avec qu'elle foi ils invo-
quent son assistance dans le danger! Avec quelle
confiance ils jettent paniers, nasses et filets à la
mer, quand ils l'ont prié!

Tous les ans, aux approches de sa fête, on voit
leurs bateaux pavoisés partir joyeusement de l'embouchure du Blavet, des côtes de l'Armor, du pied
de son ancien prieuré, aujourd'hui rasé, de Doëlan,
pour se rendre dans les passes de l'île de Groix ;
là, leurs bons curés renouvellent solennellement la
bénédiction qu'il donna le premier à la *Mer-Sauvage*,
et demandent à Dieu de la leur rendre favorable
et d'y multiplier pour eux les poissons : « nous
lui sommes fidèles, disent les marins, et il nous
est fidèle aussi. »

Un poéte qui l'est lui-même à tous les souvenirs
de la Bretagne dont il sera l'éternel honneur, a com-
posé, à leur intention, lors de la bénédiction des
couraux, le 24 juin 1854, son beau cantique des
Pêcheurs :

> Ah ! quel bonheur d'aller en mer !
> Par un ciel chaud, par un ciel clair,
> La mer vaut la campagne.
> Si le ciel bleu devient tout noir,
> Dans nos cœurs brille encor l'espoir,
> Car Dieu nous accompagne.
>
> Le bon Jésus marchait sur l'eau ;
> Va sans peur, mon petit bateau.

S'adressant à saint Pierre, auquel saint Gurthiern
cède respectueusement son jour de fête du mois
de juin, le poète lui rappelle le souvenir de Jésus
apaisant les flots :

> Dans ta barque il dormait un jour ;
> Te souvient-il comme à l'entour
> S'élevait la tempête ?
> Lui, réveillé par ton effroi,
> Dit à la vague : « Apaise-toi ! »
> Elle baissa la tête.
>
> Aussi la barque du Pêcheur
> Où s'est assis notre Sauveur
> A toujours vent arrière ;
> Sans craindre la mer ni le vent,
> Elle va toujours en avant
> La barque de saint Pierre !
>
> O Jésus, des pêcheurs l'ami,
> Avec nous venez aujourd'hui
> Dans cette humble coquille ;
> Allons ! prenez le gouvernail,
> Et bénissez notre travail :
> Il nourrit la famille.
>
> Jésus nous conduira sur l'eau.
> Va sans peur, mon petit bateau.

Lorsqu'il enchâssa ce diamant dans son poëme
des *Pêcheurs*, Brizeux le termina par une invocation émue dont les derniers vers nous ramènent
à leur saint patron :

> Cantique doux et fort qui les menez sur l'onde,
> Accompagnez partout les voyageurs du monde !
> Faites leur esprit fier, leur cœur simple et léger !
> Qu'ils regardent le but plutôt que le danger !
> Heureux l'humble de cœur, honneur au magnanime
> Qui, les voiles au vent, va chantant sur l'abime.

« L'humble de cœur, » le « magnanime » était le Bienheureux saint Gurthiern lui-même, un des exilés de l'île de Bretagne, dont saint Gildas rapporte qu'ils chantaient, sous leurs voiles, pendant la traversée : *Sub sinibus velorum cantantes.*

XII

Né sur la pourpre du trône, dans une île de deux cent soixante-dix lieues de long, pour venir mourir sur la cendre, dans un îlot de mille pas de tour, saint Gurthiern devait subir, après sa mort, un nouvel exil. Plus de chapelle de son nom, ai-je dit, pas d'autel, pas de statue de lui à Quimperlé ; j'ajoute qu'on y chercherait vainement la plus petite parcelle de son corps. On voit sur le maître-autel de Sainte-Croix, quatre anges d'argent portant des reliques ; il y en a de très précieuses aussi dans deux reliquaires de la chapelle du Sacré-Cœur ; les siennes ont disparu ; où sont-elles ?

Un enfant de la ville regrettait de ne les plus trouver. Baptisé avec l'eau du fleuve où saint Gurthiern fit tant de chrétiens, il déplorait la perte des restes de celui qui a enfanté nos ancêtres au catholicisme, c'est-à-dire à la raison, à la civilisation, à la vie sociale, selon l'expression si juste de l'apologiste savant des saints de Bretagne, M. de la Borderie.

Voilà bien des années, il était à Paris, dans l'église Saint-Jacques du Haut-Pas, agenouillé devant l'autel, pour contracter l'engagement le plus solennel de sa vie ; or, au milieu des émotions naturelles d'un pareil moment, un souvenir de la patrie s'offrit tout-à-coup à sa vue : suspendue à un des piliers du chœur, était une grande châsse en bois doré, et parmi les noms de trois saints bretons dont elle contenait les reliques, il lut celui de saint Gurthiern.

Retrouver dans un tel jour, exposés à la vénération publique, des restes dont la découverte ne pouvait causer à personne autant de joie qu'à lui ; recevoir la bénédiction nuptiale sous les auspices des premiers apôtres de son pays, du patron même de sa ville natale ; c'était à n'en pas croire ses yeux.

Mais ses yeux ne le trompaient point, et son cœur rendit grâce à Dieu.

A l'époque de la dévastation du monastère de saint Magloire, fondation des Bénédictins, ruinée en 1793, comme le fut, au neuvième siècle, l'abbaye de saint Gurthiern, les reliques de ce dernier avaient été soustraites aux profanations des nouveaux exterminateurs et cachées, avec les restes de deux autres grands saints de Bretagne, Magloire et Samson, dans un jardin du faubourg voisin ; on les en retira plus tard, et un archevêque de Paris, Monseigneur de Quélen, en opéra la translation pontificalement dans l'église de Saint-Jacques, le 25 octobre 1835.

S'il vivait encore, il ne refuserait pas de rendre à Quimperlé une partie des reliques du premier patron de la ville ; l'illustre Breton était de ceux qui ont à cœur d'honorer tous les pères de la patrie, fussent-ils morts depuis treize cents ans ; et il justifia bien sa devise : *En pep amser !* « dans tous les temps ! »

Un autre archévêque de Paris accordera peut-être quelque jour la faveur que je sollicite, et, aux pieds d'une statue nouvelle du fondateur de leur cité, les habitants de Quimperlé pourront faire cette prière :

« Saint généreux, n'oubliez pas ceux qui vous ont un moment oublié ; bénissez-les ; souriez-leur, et que, dans notre charmante ville, où l'on est heureux d'être né, on soit toujours heureux de vivre ! »

www.ingramcontent.com/pod-product-compliance
Lightning Source LLC
Chambersburg PA
CBHW061759060726
47597CB00007B/3024